Made in the USA
Las Vegas, NV
12 January 2024

84242227R00072